To Liz

Wishing You

A

Very Happy

70th

Birthday

COLLECTION CUISINE CONVIVIALE

La cuisine ch'ti

Recettes et photos : Sylvie Aït-Ali
http://amusesbouche.canalblog.com

EDITIONS ESI

60, rue Vitruve, 75020 Paris

Imprimé en France par POLLINA – 85400 Luçon - L55989
© Éditions ESI - Dépôt légal : septembre 2008 - Achevé d'imprimer : août 2008 - ISBN 13 : 978-235355-138-5 - N°Sofedis : S402584

Tous droits réservés pour tous pays.
Toute représentation ou reproduction, intégrale ou partielle, faite sans le consentement de l'auteur, ou de ses ayants droit, ou ayants cause, est illicite » (article L.122-4 du code e la propriété intellectuelle). Cette représentation ou reproduction, par quelque procédé que ce soit, constituerait une contrefaçon sanctionnée par l'article L.335-2 du code de propriété intellectuelle. Le code de la propriété intellectuelle n'autorise, aux termes de l'article L.122-5, que les copies ou les reproductions strictement réservées à l'usage privé du copiste et non destinées à une utilisation collective, d'une part, et, d'autre part, que les analyses et les courtes citations dans un but d'exemple et d'illustration.

sommaire

Carbonnade flamande

Préparation : 20 minutes • Cuisson : 3 heures • Difficulté : ★ Budget : ★★

Pour 6 personnes

- **1,5 kg de viande dans le paleron ou la macreuse**
- **1 l de bière**
- **300 g d'oignons**
- **60 g de margarine (ou de saindoux)**
- **2 cuil. à soupe de farine**
- **3 tranches de pain d'épices**
- **1 cuil. à soupe de vergeoise (ou cassonade)**
- **1 cuil. à soupe de moutarde**
- **Bouquet garni**
- **Sel et poivre**

Faites fondre la margarine dans une cocotte en fonte et faites dorer la viande coupée en gros cubes. Après coloration, retirez les morceaux de viande et faites fondre doucement les oignons finement émincés.

Replacez la viande dans la cocotte et singez avec la farine (enrobez les aliments de farine).

Couvrez avec la bière et de l'eau, salez, poivrez, ajoutez le bouquet garni et laissez mijoter 2 heures à couvert.

Mélangez la vergeoise, la moutarde et un peu de jus de cuisson. Ajoutez ce mélange à la viande ainsi que le pain d'épices émietté, et laissez mijoter encore 1 heure.

Servez accompagné de frites ou de pâtes fraîches.

Conseil : ce plat, comme beaucoup de plats mijotés, est encore meilleur le lendemain. N'hésitez pas à le préparer à l'avance et à le réchauffer doucement.

Ch'ti cake

Préparation : 20 minutes • Cuisson : 40 minutes • Difficulté : ★ Budget : ★ ★

Pour 6 personnes

- **3 œufs**
- **200 g de farine**
- **1 cuil. à café de levure**
- **150 ml de lait**
- **50 ml d'huile d'olive**
- **50 g d'emmental râpé**
- **200 g de maroilles**
- **70 g de lardons**
- **Sel et poivre**

Préchauffez le four à 180 °C (th. 6).

Mélangez les œufs, la farine, la levure, l'huile, du sel et du poivre. Ajoutez le lait tiédi et l'emmental râpé. Mélangez bien.

Ajoutez les lardons et le maroilles coupé en dés, en conservant 4 tranches pour le décor.

Versez la préparation dans un moule à cake préalablement beurré ou un moule en silicone.

Placez 4 tranches de maroilles sur le dessus et mettez au four pour 40 minutes.

Attendez 10 minutes, démoulez et laissez refroidir sur une grille.

Ficelle picarde

Préparation : 45 minutes • Cuisson : 30 minutes • Repos : 1 heure • Difficulté : ★ Budget : ★

Pour 6 personnes (12 crêpes)

Pour les crêpes

- 180 g de farine
- 3 œufs
- 500 ml de lait
- 1 cuil. à soupe d'huile d'arachide
- Sel

Pour la garniture

- 5 tranches de jambon blanc
- 300 g de champignons de Paris
- 2 échalotes
- 60 g de beurre
- 30 g de farine
- 300 ml de lait
- 200 ml de crème fraîche
- 150 g d'emmental râpé
- Sel et poivre

Préchauffez le four à 220 °C (th. 7-8).

Préparez la pâte à crêpes : mélangez le lait et les œufs, versez la farine tamisée en pluie. Ajoutez l'huile et une pincée de sel. Laissez la pâte reposer pendant 1 heure.

Faites fondre 30 g de beurre dans une sauteuse, ajoutez les échalotes émincées et laissez-les fondre sans trop colorer.

Coupez les champignons en fines lamelles et versez-les dans la sauteuse. Salez et laissez cuire à couvert, sur feu doux jusqu'à évaporation de l'eau de végétation.

Dans une casserole, faites fondre 30 g de beurre, ajoutez 30 g de farine hors du feu. Incorporez le lait chaud et faites épaissir sur feu doux sans cesser de mélanger.

Salez, poivrez, ajoutez 100 g d'emmental râpé, le jambon coupé en lamelles, les champignons et les échalotes.

Confectionnez les crêpes. Lorsqu'elles ont refroidi, garnissez-les avec la préparation, roulez-les et placez-les sur un plat de cuisson beurré. Nappez-les de crème fraîche et répartissez le fromage restant.

Mettez-les au four 10 minutes pour les faire gratiner.

Flamiche

Préparation : 30 minutes • Cuisson : 45 minutes • Difficulté : ★ Budget : ★

Pour 6 personnes

- **1 kg de poireaux**
- **30 g de beurre**
- **2 rouleaux de pâte brisée**
- **2 grosses cuil. à soupe de crème fraîche épaisse**
- **50 g d'emmental râpé**
- **1 bouillon cube**
- **1 jaune d'œuf**
- **Sel et poivre**

Préchauffez le four à 180 °C (th. 6).

Nettoyez et émincez les poireaux.

Faites fondre le beurre dans une sauteuse, ajoutez les poireaux et faites-les suer. Versez 1 verre d'eau par-dessus et ajoutez le bouillon cube.

Laissez cuire à couvert 15 minutes, puis laissez refroidir.

Mélangez la crème aux poireaux ainsi que le fromage, salez et poivrez.

Déposez une pâte brisée dans une tourtière de 24 cm de diamètre, en conservant la feuille de papier de cuisson. Piquez le fond avec une fourchette puis répartissez les poireaux. Couvrez de la 2e pâte.

Pressez les 2 pâtes sur le bord du moule et découpez l'excès en laissant 1 cm de bord. Roulez doucement le bord et marquez-le avec une fourchette en appuyant légèrement.

Dorez la surface avec le jaune d'œuf dilué à l'aide d'une cuillère à soupe d'eau.

Faites 3 petits trous pour éviter que la flamiche ne gonfle, et mettez au four pour 30 minutes.

Lapin aux pruneaux

Préparation : 30 minutes • Cuisson : 1 h 45 • Difficulté : ★ Budget : ★★

Pour 6 personnes

- **1,5 kg de lapin**
- **250 g de pruneaux entiers**
- **150 g de lardons allumettes nature**
- **1 gros oignon**
- **3 gousses d'ail émincées**
- **2 cuil. à soupe de farine**
- **1 cuil. à soupe de saindoux (ou margarine)**
- **¼ de l de vin blanc**
- **Thym et laurier**
- **1 cuil. à soupe de vergeoise (ou cassonade)**
- **Sel et poivre**

Faites tremper les pruneaux dans un saladier rempli d'eau.

Coupez le lapin en morceaux, réservez les abats (rognons et foie).

Faites fondre le saindoux dans une cocotte en fonte et faites dorer les morceaux de lapin sur chaque côté. Retirez la viande et faites doucement blondir l'oignon émincé ; ajoutez l'ail écrasé et les lardons, puis replacez le lapin dans la cocotte. Saupoudrez de farine et mélangez pour qu'elle couvre tous les morceaux.

Couvrez le tout de vin et d'eau.

Salez, poivrez et ajoutez les herbes. Laissez mijoter 1 heure.

Ajoutez les abats, les pruneaux et la vergeoise, puis laissez de nouveau mijoter 30 minutes.

Servez accompagné de pâtes fraîches ou de frites.

Remarque : le saindoux est une matière grasse, fine et blanche, qui provient de la graisse de porc. On l'utilisait couramment dans la préparation des plats traditionnels du nord de la France pour son prix bien plus intéressant que celui du beurre ou de l'huile. Pour des raisons diététiques et de goût (très fort), il est dorénavant largement remplacé par la margarine ou l'huile d'olive.

Moules marinières

Préparation : 30 minutes • Cuisson : 15 minutes • Difficulté : ★ Budget : ★

Pour 6 personnes

- **6 l de moules**
- **40 g de margarine**
- **5 échalotes**
- **250 ml de vin blanc sec**
- **1 branche de céleri**
- **1 cuil. à soupe de persil**
- **Sel et poivre**

Grattez les moules et lavez-les.

Dans une grande cocotte, faites fondre la margarine et les échalotes finement hachées.

Ajoutez les moules, le persil et le céleri coupé en petits morceaux, puis le vin blanc. Salez légèrement et poivrez.

Couvrez et faites cuire à feu vif, en mélangeant de temps en temps.

Arrêtez la cuisson au bout de 10 à 15 minutes, lorsque toutes les moules sont ouvertes.

Servez accompagné de frites.

Remarque : chaque premier week-end de septembre se déroule la « Grande Braderie de Lille ». La ville se transforme en un énorme marché aux puces où les cultures se croisent. C'est l'occasion de déguster des moules-frites, le plat traditionnel, et, pour les restaurateurs de la ville, de rivaliser en entassant devant leur restaurant d'énormes tas de coquilles de moules vides.

Potjevleesch

Préparation : 40 minutes • Cuisson : 3 h 20 • Marinade : 24 heures • Repos : 12 heures • Difficulté : ★★ Budget : ★★★

Pour 6 personnes

- **300 g de chair de lapin**
- **300 g de jarret de veau**
- **300 g de blancs de poulet**
- **300 g d'échine de porc désossée**
- **650 ml de vin blanc**
- **200 ml de vinaigre de vin**
- **4 gousses d'ail**
- **2 carottes**
- **2 clous de girofle**
- **1 cuil. à café de baies de genièvre**
- **Bouquet garni**
- **1 sachet de gelée**
- **Sel et poivre**

Coupez les viandes en gros morceaux.

Préparez une marinade en mélangeant le vin, le vinaigre, l'ail épluché et émincé, les herbes, les baies de genièvre, les clous de girofle. Salez et poivrez.

Arrosez la viande de marinade, couvrez de film alimentaire et laissez reposer 24 heures au frais.

Préchauffez le four à 150 °C (th. 6).

Le lendemain, placez la viande dans une terrine ainsi que les carottes coupées en rondelles. Couvrez de marinade, fermez la terrine et mettez à cuire pour 3 heures.

Ajoutez la gelée préparée comme indiqué sur le paquet et laissez cuire de nouveau 20 minutes.

Laissez refroidir, puis placez au frais 12 heures.

Pour servir, coupez de grosses tranches et accompagnez de frites.

Remarque : potjeveesch, ou plus couramment « potch », signifie « pot de viandes ». Ce plat flamand est incontournable. Il s'agit d'une terrine de 4 viandes en gelée : lapin, poulet, veau et porc. Il se déguste traditionnellement froid recouvert de frites dont la chaleur fait fondre la gelée.

Poulet au maroilles

Préparation : 20 minutes • Cuisson : 1 heure • Difficulté : ★ Budget : ★

Pour 6 personnes

- **6 cuisses de poulet**
- **1 oignon**
- **200 g de maroilles**
- **40 cl de crème liquide entière**
- **125 ml de bière**
- **30 g de margarine**
- **Sel et poivre**

Dans une sauteuse, faites dorer les cuisses de poulet avec la margarine.

Retirez la viande et faites revenir l'oignon.

Replacez les cuisses de poulet dans la sauteuse, salez, poivrez et arrosez de bière.

Couvrez et laissez cuire à feu doux 40 minutes. Retournez la viande de temps en temps et ajoutez de l'eau si besoin est.

Dans une casserole, versez la crème et ajoutez le maroilles coupé en dés avec sa croûte. Portez à ébullition jusqu'à ce que le fromage soit totalement fondu.

Versez la sauce sur le poulet, laissez cuire encore 10 minutes et servez.

Conseil : vous pouvez ajouter des champignons à la sauce et accompagner ce plat de pâtes, de riz ou de frites.

Quiche aux endives et au maroilles

Préparation : 30 minutes • Cuisson : 55 minutes • Repos : 2 heures• Difficulté : ★ Budget : ★★

Pour 4 personnes

- **1 pâte feuilletée**
- **1 kg d'endives**
- **1 bouillon cube**
- **2 cuil. à soupe de crème épaisse**
- **2 œufs**
- **20 g de margarine**
- **50 g d'emmental râpé**
- **100 g de maroilles**
- **Sel et poivre**

Faites revenir les endives dans un peu de margarine pour qu'elles dorent un petit peu.

Ajoutez le bouillon cube, couvrez d'eau et laissez cuire en cocotte 10 minutes une fois sous pression. À la fin de la cuisson, mettez-les à égoutter 2 heures minimum.

Préchauffez le four à 180 °C (th. 6).

Mélangez les œufs, la crème et le fromage râpé. Salez et poivrez.

Étalez la pâte feuilletée dans une tourtière de 22 cm de diamètre, en conservant le papier de cuisson. Piquez le fond à l'aide d'une fourchette.

Répartissez les endives égouttées et versez le mélange à base de crème. Bougez un peu les endives à l'aide d'une fourchette pour que la crème se répartisse bien.

Découpez le maroilles en lamelles et déposez-les sur la surface de la quiche.

Mettez au four 40 à 45 minutes.

Roulés d'endive au jambon (chicons au gratin)

Préparation : 30 minutes • Cuisson : 50 minutes • Difficulté : ★ Budget : ★

Pour 6 personnes

- 12 endives
- 12 tranches de jambon
- 60 g de beurre
- 1 l de lait
- 150 g de fromage râpé
- 60 g de farine
- 1 pincée de noix de muscade
- Sel et poivre

Après les avoir nettoyées, faites cuire les endives à la vapeur dans une cocotte-minute pendant 15 minutes. Égouttez-les soigneusement.

Préchauffez le four à 200 °C (th. 6-7).

Préparez la béchamel : faites fondre le beurre, versez la farine et mélangez au fouet. Lorsque la pâte est lisse, versez peu à peu le lait chaud en filet hors du feu, puis mélangez jusqu'à épuisement du lait ; remettez sur feu doux en remuant pour faire épaissir.

Ajoutez la moitié du fromage et la noix de muscade.

Enveloppez chaque endive dans une tranche de jambon et déposez-les dans un plat de cuisson largement beurré.

Nappez de béchamel, saupoudrez du reste de fromage râpé et mettez au four 30 minutes pour faire gratiner le fromage.

Conseil : ce plat se suffit à lui-même, mais vous pouvez l'accompagner de pomme de terre à l'eau.

Saint-Jacques en coquille

Préparation : 30 minutes • Cuisson : 25 minutes • Difficulté : ★ Budget : ★ ★ ★

Pour 6 personnes

- **24 noix de Saint-Jacques**
- **2 poireaux**
- **3 échalotes**
- **40 g de chapelure**
- **60 g d'emmental râpé**
- **30 g de beurre**
- **5 cuil. à soupe de vin blanc**
- **2 cuil. à soupe de crème épaisse**
- **2 jaunes d'œufs**
- **½ citron**
- **Sel et poivre**

Épluchez et émincez les échalotes, faites-les colorer légèrement dans un peu de beurre.

Lavez et émincez les poireaux, ajoutez-les dans la poêle avec les échalotes, salez, poivrez, puis couvrez et laissez cuire 15 minutes. Réservez la fondue de poireaux.

Faites fondre un peu de beurre dans la poêle et faites colorer les Saint-Jacques 1 minute sur chaque face. Placez-les sur une assiette.

Dégraissez la poêle au vin blanc, ajoutez la crème, le jus du citron et, hors du feu, incorporez les jaunes d'œufs. Salez et poivrez.

Répartissez les poireaux dans les coquilles, déposez les Saint-Jacques dessus, puis nappez de crème.

Recouvrez de gruyère, saupoudrez de chapelure et faites gratiner sous le grill 10 minutes. Servez.

Salade de harengs

Préparation : 20 minutes • Cuisson : 10 minutes • Difficulté : ★ Budget : ★

Pour 6 personnes

- **800 g de pommes de terre**
- **6 filets de hareng fumé**
- **3 pommes golden**
- **200 g de salade mélangée**
- **2 oignons rouges**
- **6 cuil. à soupe d'huile d'olive**
- **2 cuil. à soupe de vinaigre balsamique**
- **20 brins de ciboulette fraîche**
- **Sel et poivre**

Épluchez les pommes de terre et faites-les cuire à la vapeur. Coupez-les en gros dés, arrosez-les d'huile d'olive, de vinaigre, salez et poivrez.

Épluchez et coupez les pommes en dés, coupez également les filets de hareng en morceaux et ajoutez le tout aux pommes de terre.

Épluchez et émincez les oignons. Ajoutez-en la moitié à la salade de harengs ainsi que la moitié de la ciboulette ciselée.

Répartissez la salade mélangée dans 6 assiettes creuses. Placez au centre la salade de harengs.

Décorez avec le restant d'oignons rouges et de ciboulette.

Remarque : il est de tradition au cours du carnaval de Dunkerque que le maire lance du haut de l'hôtel de ville des harengs fumés (emballés dans du film alimentaire), également appelés « kippers », au public.

Salade de mâche et betterave

Préparation : 20 minutes • Cuisson : 5 minutes • Difficulté : ★ Budget : ★

Pour 6 personnes

- **400 g de mâche**
- **2 betteraves cuites**
- **1 oignon rouge**
- **6 pommes de terre**
- **6 œufs**
- **3 cuil. à soupe d'huile d'olive**
- **1 cuil. à soupe de vinaigre**
- **Sel et poivre**

Épluchez et faites cuire les pommes de terre à la vapeur.

Nettoyez la mâche, retirez les petites racines, lavez-la et séchez-la délicatement.

Émincez l'oignon rouge, coupez les betteraves en tranches, puis en quatre.

Faites bouillir une casserole d'eau salée ; lorsqu'elle bout, plongez-y les œufs pour 5 minutes afin de les rendre mollets. Mettez-les dans l'eau froide pour stopper la cuisson, puis ôtez les coquilles.

Placez la mâche dans des assiettes creuses, répartissez les pommes de terre coupées en rondelles encore chaudes, les betteraves et les oignons.

Réalisez une vinaigrette, arrosez la salade, placez un œuf mollet ouvert en deux au centre et servez aussitôt.

Remarque : l'originalité de cette recette est due au mélange d'ingrédients chauds et froids, mais aussi à la palette de couleurs qui fait de cette salade très simple un plat magnifique.

Soupe à l'ail d'Arleux

Préparation : 15 minutes • Cuisson : 30 minutes • Difficulté : ★ Budget : ★

Pour 6 personnes

- **100 g d'ail fumé**
- **500 g de pommes de terre**
- **2 carottes râpées**
- **2 pincées de thym**
- **6 tranches de pain de campagne**
- **100 g de gruyère râpé**
- **1 cuil. à soupe d'huile**
- **Sel et poivre**

Épluchez et émincez l'ail, faites-le revenir légèrement dans un peu d'huile.

Ajoutez les pommes de terre, les carottes râpées, le thym, salez et poivrez.

Couvrez d'eau et laissez cuire 30 minutes, puis mixez.

Faites griller le pain, placez-le dans les assiettes, recouvrez-le de gruyère puis versez la soupe bien chaude.

Remarque : Arleux, ville proche de Douai, s'est spécialisée dans la production d'ail fumé à la tourbe. Ce mode de traitement permet une très longue conservation de l'ail.
Tous les premiers dimanches de septembre, une grande foire à l'ail est organisée à Arleux. On y déguste la soupe à l'ail et bien d'autres plats. Il y a des concours de tresseurs d'ail, l'élection de l'ambassadrice…

Tarte ch'tiflette

Préparation : 20 minutes • Cuisson : 45 minutes • Difficulté : ★ Budget : ★★

Pour 6 personnes

- **1 kg d'endives**
- **500 g de pommes de terre**
- **1 vieux-lille (maroilles)**
- **30 g de margarine**
- **Sel et poivre**

Épluchez et coupez les pommes de terre en rondelles. Faites-les cuire à la vapeur 10 minutes.

Nettoyez les endives, émincez-les grossièrement et faites-les revenir dans la margarine. Salez et poivrez.

Préchauffez le four à 200 °C (th. 7).

Beurrez un plat à gratin, alternez les endives et les pommes de terre.

Coupez le fromage en tranches épaisses sans retirer la croûte et placez-les sur le plat.

Mettez le plat au four pour 30 minutes.

Servez accompagné d'une salade.

Conseil : vous pouvez ajouter 200 g de lardons aux endives et aux pommes de terre.

Remarque : le vieux-lille est un maroilles macéré trois mois en saumure, ce qui lui donne un subtil goût salé. Il est également appelé « puant de Lille ».

Tarte au maroilles

Préparation : 30 minutes • Cuisson : 25 minutes • Repos : 1 heure • Difficulté : ★ Budget : ★

Pour 6 personnes

Pour la pâte à pain
- **300 g de farine**
- **1 cuil. à café de levure déshydratée ou 12 g de levure fraîche**
- **1 cuil. à café de sel**

Pour la garniture
- **350 g de maroilles**
- **4 cuil.à soupe de crème fraîche semi-épaisse allégée**

Faites un puits avec la farine : ajoutez au centre le sel, la levure puis 180 ml d'eau. Pétrissez jusqu'à obtenir une boule de pâte homogène et souple. Laissez-la reposer 1 heure, recouverte d'un torchon, dans un endroit tempéré à l'abri des courants d'air, pour que la pâte double de volume.

Préchauffez le four à 180 °C (th. 6).

Étalez cette pâte sur une plaque de cuisson légèrement farinée. Recouvrez cette pâte de crème fraîche puis coupez le maroilles en tranches sans enlever la croûte et disposez-le sur la crème pour en couvrir toute la surface.

Mettez dans le four jusqu'à ce que le fromage ait fondu et commencé à dorer, soit environ 25 minutes.

Servez accompagné d'une salade.

Remarque : le maroilles est un fromage à base de lait de vache, à pâte molle, à la croûte lavée rouge orangé, fabriqué dans l'Avenois. Il tient son nom du village de Maroilles d'où il est originaire. On le reconnaît à son fort bouquet et son odeur franche ; il entre dans la composition de nombreuses recettes régionales.

Velouté d'endive

Préparation : 20 minutes • Cuisson : 45 minutes • Difficulté : ★ Budget : ★

Pour 6 personnes

- 6 endives
- 2 poireaux
- 3 pommes de terre
- 50 g de margarine
- 50 g de jambon fumé
- 1 bouillon cube
- 100 g d'emmental
- 2 cuil. à soupe de crème fraîche
- Sel et poivre
- Croûtons
- Curry

Émincez les endives et les poireaux. Faites-les revenir dans la margarine jusqu'à ce qu'ils soient fondants mais non colorés.

Ajoutez les pommes de terre coupées en dés, le fromage et le jambon coupés en petits morceaux, le bouillon cube, salez, poivrez et couvrez d'eau.

Faites cuire à couvert durant 45 minutes, puis mixez et ajoutez la crème.

Servez accompagné de petits croûtons. Vous pouvez également saupoudrer d'un peu de poudre de curry.

Waterzoï de poisson

Préparation : 40 minutes • Cuisson : 40 minutes • Difficulté : ★ Budget : ★★

Pour 6 personnes

- 4 poireaux
- 4 navets
- 6 carottes
- 6 pommes de terre
- ½ boule de céleri-rave
- 3 pavés de saumon
- 3 pavés de perche du Nil
- 3 pavés de dos de cabillaud
- 2 oignons
- 1 citron
- 500 ml de vin blanc sec
- Quelques feuilles de céleri
- Quelques feuilles de persil
- Sel

Pour la sauce

- 4 jaunes d'œufs
- Le jus de 2 citrons
- 200 ml de crème fraîche légère

Lavez les légumes et coupez-les en gros dés.

Dans une marmite, faites bouillir de l'eau salée. Ajoutez les carottes et les herbes hachées. Laissez cuire 10 minutes, puis ajoutez les autres légumes et le citron coupé en rondelles. Ajoutez le vin et laissez cuire 20 minutes.

Déposez délicatement les morceaux de poisson dans l'eau frémissante. Couvrez et, au bout de 8 minutes, arrêtez la cuisson sans ouvrir la cocotte. Le poisson finira ainsi de cuire et sera moelleux.

Préparez la sauce : dans un bol, mettez les jaunes d'œufs, le jus de citron et la crème fraîche. Ajoutez du bouillon prélevé dans la cocotte, mélangez et reversez le tout dans la cocotte.

Placez les légumes dans un plat. Déposez les morceaux de poisson par-dessus et servez.

Remarque : le waterzoï est en fait un ragoût de poisson baignant dans un bouillon à la crème citronnée. Il existe également un waterzoï de poulet.

Welsh

Préparation : 15 minutes • Cuisson : 15 minutes • Difficulté : ★ Budget : ★

Pour 6 personnes

- **6 tranches de pain de campagne**
- **800 g de cheddar**
- **600 ml de bière**
- **2 cuil. à soupe de moutarde**
- **Poivre**

Faites griller les tranches de pain sous le gril ou au grille-pain.

Dans une casserole, faites fondre le cheddar râpé avec la bière jusqu'à ce que le mélange soit homogène et fluide. Ajoutez la moutarde et poivrez.

Placez le pain grillé dans une assiette creuse ou un petit plat individuel à gratin, et versez le fromage fondu dessus.

Faites gratiner les welsh sous le gril et servez aussitôt.

Conseil : vous pouvez poser une tranche de jambon blanc sur le pain avant de verser le fromage et déposer un œuf cuit au plat sur le welsh dès sa sortie du four.

Coquille de Noël ou cougnou

Préparation : 20 minutes • Cuisson : 30 minutes • Repos : 3 heures • Difficulté : ★★ Budget : ★

Pour 2 brioches

- 180 ml de lait
- 100 g de beurre
- 2 œufs
- 80 g de sucre
- ½ cuil. à café de sel
- 500 g de farine
- 1 sachet de levure déshydratée
- 1 jaune d'œuf

Mettez tous les ingrédients (sauf le jaune d'œuf) dans la cuve de la machine à pain selon l'ordre indiqué dans la liste.

Sélectionnez le programme « Pâte ». Une fois pétrie, la pâte doit reposer 1 h 30.

Vous pouvez également préparer la pâte à la main : formez un puits avec la farine et placez au centre tous les ingrédients. Pétrissez 15 minutes sans ajouter de farine. La pâte, collante au début, le sera de moins en moins au cours du pétrissage.

À la fin du programme de la machine à pain, versez la pâte sur un plan de travail légèrement fariné, divisez le pâton en deux. Chaque pâton sera ensuite divisé en 3 boules : 1 grosse et 2 petites.

Déposez 2 petites boules aux extrémités des 2 grosses, sur une plaque de cuisson recouverte d'une feuille de papier sulfurisé. Laissez les 2 brioches, recouvertes d'un torchon, reposer dans un endroit tempéré et à l'abri des courants d'air. La pâte doit doubler de volume, ce qui prend 1 h 30 environ.

Préchauffez le four à 180 °C (th. 6). Avant d'enfourner, badigeonnez les brioches du jaune d'œuf dilué dans 1 cuil. à café d'eau.

Mettez au four 30 minutes en surveillant bien la coloration de la croûte.

Sortez la brioche du four et laissez-la refroidir sur une grille.

Remarque : la coquille est une brioche que l'on prépare à Noël. Sa forme représente l'enfant Jésus.

Crème brûlée à la chicorée

Préparation : 15 minutes • Cuisson : 1 heure • Repos : 2 heures • Difficulté : ★ Budget : ★

Pour 6 personnes

- **5 jaunes d'œufs**
- **35 cl de crème fraîche liquide**
- **150 ml de lait**
- **60 g de sucre**
- **2 cuil. à soupe de chicorée liquide**
- **Vergeoise blonde**

Versez le lait et la crème fraîche dans une casserole et portez à ébullition.

Battez les jaunes d'œufs avec le sucre, puis ajoutez la crème bouillante. Ajoutez la chicorée, puis versez la préparation dans 6 coupelles à crème brûlée.

Mettez au four 1 heure à 100 °C (th. 3-4). Laissez refroidir et placez au frais 2 heures minimum.

Au moment de servir, saupoudrez les crèmes de vergeoise et caramélisez-les à l'aide d'un chalumeau.

Crème glacée au spéculos

Préparation : 20 minutes • Cuisson : 10 minutes • Repos : 6 heures • Difficulté : ★★ Budget : ★

Pour 6 personnes

- **4 jaunes d'œufs**
- **60 g de sucre roux**
- **1 sachet de sucre vanillé**
- **450 ml de lait entier**
- **200 ml de crème liquide**
- **½ cuil. à café de mélange 4 épices**
- **200 g de spéculos**

Faites chauffer le lait dans une casserole. Pendant ce temps, fouettez les jaunes d'œufs, les sucres et le mélange 4 épices jusqu'à ce que la préparation blanchisse.

Versez le lait chaud sur ce mélange, tout en continuant de battre. Faites épaissir sur feu doux sans faire bouillir, pour obtenir une crème anglaise. Laissez refroidir.

Ajoutez les spéculos émiettés, puis laissez reposer au frais 6 heures minimum. Fouettez la crème liquide en chantilly et incorporez-la au mélange bien froid.

Faites prendre le tout dans une sorbetière.

Dégustez aussitôt, ou conservez la crème glacée au congélateur dans une boîte hermétique.

Crêpes à la bière

Préparation : 15 minutes • Cuisson : 40 minutes • Repos : 1 heure • Difficulté : ★ Budget : ★

Pour 6 personnes

- **500 g de farine**
- **5 œufs**
- **3 cuil. à soupe de sucre**
- **200 ml de bière blonde**
- **500 ml de lait**
- **2 cuil. à soupe de rhum**
- **1 pincée de sel**
- **80 g de beurre**

Dans un saladier, mélangez la farine, les œufs, le sucre, le sel et ajoutez un peu de lait jusqu'à obtenir une pâte bien lisse.

Incorporez ensuite petit à petit le restant de lait, la bière et le rhum.

Faites fondre le beurre et ajoutez-le au mélange.

Couvrez et laissez reposer 1 heure cette pâte à crêpes.

Faites cuire les crêpes dans une poêle très chaude et servez-les accompagnées de vergeoise brune, de sucre, de chocolat ou de confiture.

Conseil : si vous choisissez de les saupoudrer de vergeoise brune, superposez les crêpes les unes sur les autres afin que la vergeoise fonde et coule dans la bouche au moment de la dégustation.

Gaufres de ducasse (fête foraine)

Préparation : 20 minutes • Cuisson : 3 minutes par gaufre • Repos : 1 heure • Difficulté : ★ Budget : ★

Pour 6 personnes

- 500 g de farine
- 3 œufs
- 250 g de beurre
- 2 cuil. à soupe de cassonade
- 250 ml de bière
- 500 ml de lait
- 1 sachet de levure de boulanger
- 1 gousse de vanille
- 1 pincée de sel
- Sucre glace

Diluez la levure dans 3 cuil. à soupe de lait tiédi, réservez.

Dans un grand saladier, mélangez la farine, la cassonade, le sel, les graines de la gousse de vanille. Formez un puits et ajoutez les jaunes d'œufs, la levure, le lait et la bière. Mélangez jusqu'à ce que la pâte soit bien lisse. Terminez en versant le beurre fondu.

Montez les blancs d'œufs en neige et incorporez-les délicatement à la préparation.

Laissez lever la pâte pendant 1 heure environ pour qu'elle double de volume.

Faites chauffer votre gaufrier, beurrez les plaques à l'aide d'un pinceau et versez un peu de pâte sur les empreintes. Laissez cuire 3 minutes pour que les gaufres soient bien dorées.

Saupoudrez les gaufres de sucre glace.

Conseil : ces gaufres sont généralement dégustées toutes chaudes à la « ducasse » (fête foraine). On les garnit de sucre glace, de chocolat fondu ou de crème Chantilly.

Gaufres fourrées à la vergeoise

Préparation : 30 minutes • Cuisson : 2 minutes par gaufre • Repos : 2 heures • Difficulté : ★★ Budget : ★

Pour 20 pièces

- **500 g de farine**
- **125 g de beurre**
- **200 g de beurre mou**
- **3 œufs**
- **200 ml de lait**
- **30 g de sucre semoule**
- **1 sachet de sucre vanillé**
- **1 sachet de levure de boulanger (ou de la levure fraîche)**
- **500 g de vergeoise blonde**
- **4 cuil. à soupe de rhum**

Diluez la levure dans 3 cuil. à soupe de lait tiède.

Faites fondre les 125 g de beurre.

Dans un saladier, faites une fontaine avec la farine. Versez au centre les œufs battus en omelette, la levure, les sucres (semoule et vanillé) et le beurre fondu. Ajoutez le lait et pétrissez jusqu'à l'obtention d'une pâte homogène. Couvrez d'un torchon et laissez reposer 1 heure.

Mélangez les 200 g de beurre mou, la vergeoise et le rhum. Réservez.

Façonnez 20 quenelles avec la pâte et laissez-les reposer 1 heure sur une plaque de cuisson.

Chauffez un gaufrier à gaufrettes et déposez les quenelles de pâte deux par deux.

Dès qu'elles sont cuites, ouvrez-les en deux à l'aide de la pointe d'un couteau et garnissez-les du mélange vergeoise-beurre-rhum. Refermez les gaufres, pressez-les légèrement et laissez-les refroidir.

Conseil : vous pouvez conserver les gaufres dans une boîte métallique pendant 4 ou 5 jours.

Pain perdu

Préparation : 15 minutes • Cuisson : 20 minutes • Difficulté : ★ Budget : ★

Pour 4 personnes

- **8 tranches épaisses de pain rassis**
- **2 œufs**
- **250 ml de lait**
- **1 sachet de sucre vanillé**
- **100 g de vergeoise brune (ou de la cassonade)**
- **50 g de beurre**

Fouettez le lait et les œufs, puis ajoutez le sucre vanillé. Versez ce mélange dans une assiette creuse, trempez le pain et imbibez chaque face. Préparez ainsi 2 ou 3 tranches.

Chauffez une noisette de beurre dans une poêle et dorez les tranches de pain sur chaque face.

Déposez-les sur une assiette et saupoudrez de vergeoise ou de sucre.

C'est au moment où vous retournerez le pain dans la poêle que vous préparerez les tranches suivantes afin qu'elles ne se délitent pas.

Conseil : ce dessert vient des habitudes de ne jamais jeter de nourriture. Le pain rassis est transformé en pain perdu ou pudding, et c'est un vrai délice. Très simple, il devient un grand dessert si vous le servez accompagné de fruits frais, de crème Chantilly, d'une crème anglaise à la chicorée ou d'une boule de glace vanille. Vous pouvez aussi remplacer le pain par des tranches de brioche toujours un peu rassise.

Spéculos

Préparation : 20 minutes • Cuisson : 10 minutes • Repos : 1 heure • Difficulté : ★ Budget : ★

Pour 30 biscuits

- **150 g de vergeoise brune (ou cassonade)**
- **250 g de farine**
- **125 g de beurre**
- **1 jaune d'œuf**
- **4 cuil. à soupe de lait**
- **½ cuil. à café de bicarbonate de soude**
- **1 cuil. à café de 4 épices (cannelle, gingembre, girofle, muscade)**
- **1 pincée de sel**

Mélangez la farine, la vergeoise, le sel, le bicarbonate et les 4 épices.

Ajoutez le beurre pommade et commencez à travailler à la fourchette. Ajoutez le jaune d'œuf et le lait petit à petit jusqu'à l'obtention d'une pâte homogène et souple.

Enveloppez la pâte d'un film alimentaire et laissez reposer 1 heure au frais.

Étalez la pâte sur un plan de travail légèrement fariné et découpez-la à l'aide d'un emporte-pièce. Placez les formes sur une plaque de cuisson recouverte d'une feuille de papier sulfurisé. Replacez la plaque au réfrigérateur pendant que le four monte en température.

Mettez les biscuits à cuire 10 minutes à 180 °C (th. 6).

Laissez-les refroidir complètement avant de les décoller de la plaque.

Conservez-les dans une boîte hermétique.

Remarque : le spéculos est un biscuit consommé traditionnellement lors de l'avent ou de la Saint-Nicolas. On lui donne la forme de saint Nicolas en utilisant des moules préformés en bois.
Dans une forme plus simple, le spéculos accompagne aussi très souvent le café dans les brasseries et les restaurants de la région.

SPECULOOS

Tarte à la rhubarbe

Préparation : 30 minutes • Cuisson : 35 minutes • Repos : 2 heures • Difficulté : ★ Budget : ★

Pour 6 personnes

Pour la pâte sablée
- **250 g de farine**
- **90 g de sucre**
- **30 g de poudre d'amandes**
- **1 sachet de sucre vanillé**
- **150 g de beurre**
- **1 jaune d'œuf**
- **1 pincée de sel**

Pour la garniture
- **800 g de rhubarbe**
- **100 g de sucre**
- **2 jaunes d'œufs**
- **1 œuf**
- **15 cl de crème liquide**
- **100 g de vergeoise blonde**
- **3 cuil. à soupe de poudre d'amandes**

Épluchez et coupez la rhubarbe en tronçons. Placez-les dans un saladier avec les 100 g de sucre et laissez reposer 2 heures en mélangeant de temps en temps.

Mélangez la farine, les sucres, le sel et la poudre d'amandes. Faites un puits, placez au centre le beurre coupé en dés et le jaune d'œuf. Pétrissez jusqu'à l'obtention d'une pâte homogène, ferme et non collante. Enveloppez-la de film alimentaire et mettez-la au frais pendant 1 heure.

Étalez la pâte sur une feuille de papier sulfurisé, garnissez un moule à tarte de 24 cm de diamètre et placez-le au frais durant 30 minutes.

Préchauffez le four à 180 °C (th. 6).

Piquez le fond de tarte à l'aide d'une fourchette, couvrez d'une feuille de papier de cuisson et remplissez-la de légumes secs.

Mettez le plat au four pour 15 minutes.

Égouttez la rhubarbe. Mélangez les œufs avec la crème et la vergeoise.

Retirez les légumes secs, répartissez les 3 cuil. à soupe de poudre d'amandes sur la pâte puis la rhubarbe.

Couvrez du mélange œufs-crème-vergeoise et placez au four 20 minutes à 200 °C (th. 7).

À la sortie du four, attendez 10 minutes pour démouler.

Conseil : si vous aimez votre tarte plus acide, réduisez le temps de repos de la rhubarbe avec le sucre et inversement si vous la souhaitez plus douce. Vous pouvez laisser reposer ce mélange jusqu'à 12 heures.

Tarte al chuc (tarte au sucre)

Préparation : 30 minutes • Repos : 30 minutes • Cuisson : 30 minutes • Difficulté : ★ Budget : ★

Pour 6 personnes

Pour la pâte brisée

- 250 g de farine
- 125 g de beurre
- 1 pincée de sel
- 1 jaune d'œuf

Pour la garniture

- 200 g de vergeoise brune
- 150 ml de crème fraîche épaisse

Faites un puits avec la farine et mettez au centre le beurre tempéré coupé en cubes, le sel et sablez du bout des doigts. Ajoutez le jaune d'œuf, puis commencez à mélanger du bout des doigts. Ajoutez un peu d'eau petit à petit (50 ml) jusqu'à l'obtention d'une pâte homogène et formez une boule.

Placez-la au frais 30 minutes.

Étalez la pâte et placez-la dans un moule de 24 cm de diamètre beurré et fariné. Piquez le fond avec une fourchette, puis étalez la vergeoise et répartissez la crème.

Mettez au four 30 minutes à 180 °C (th. 6).

À la sortie du four, laissez refroidir et démoulez.

Remarque : cette tarte au sucre est fine, croquante et fondante, à la différence de l'autre tarte au sucre (page 64) qui est épaisse et moelleuse.

Tarte au sucre

Préparation : 30 minutes • Cuisson : 30 minutes • Repos : 2 h 30 • Difficulté : ★★ Budget : ★

Pour 6 à 8 personnes

Pour la pâte
- 100 ml de lait
- 2 œufs
- 80 g de beurre
- ½ cuil. à soupe de sel
- 300 g de farine
- 15 g de levure fraîche (ou 2 cuil. à café de levure déshydratée)

Pour la garniture
- 1 œuf
- 2 cuil. à soupe de crème fraîche épaisse
- 80 g de vergeoise brune (sucre roux)
- 40 g de beurre

Mettez la farine dans un saladier, faites un puits et déposez au centre la levure diluée dans 3 cuil. à soupe de lait tiède, les œufs battus en omelette, le sel et le reste de lait.

Mélangez le tout puis ajoutez le beurre froid coupé en dés. Pétrissez jusqu'à ce que la pâte ne soit plus collante, cela prend 10 à 15 minutes.

Couvrez la pâte d'un torchon et laissez reposer dans un endroit tempéré pendant 1 h 30.

Versez la pâte sur le plan de travail fariné et travaillez-la quelques secondes pour chasser l'air. Déposez-la dans un moule de 26 cm de diamètre beurré et fariné, ou un moule souple.

Étalez la pâte en un disque qui va épouser tout le moule. Laissez-la à nouveau reposer 1 heure.

Préchauffez le four à 190 °C (th. 6-7).

Mélangez la crème et l'œuf, puis formez des trous avec le doigt sur toute la surface de la pâte et nappez du mélange crème-œuf.

Saupoudrez de vergeoise brune et de petits morceaux de beurre.

Mettez au four pour 30 minutes. Attendez qu'elle refroidisse pour la démouler.

Remarque : la vergeoise est un sucre provenant d'un sirop de betterave. Ce sucre, de consistance moelleuse, est coloré et parfumé par les cuissons successives : cuit une fois, le sirop donne de la vergeoise blonde, deux fois, de la vergeoise brune plus foncée et à l'arôme plus particulier. Elle est particulièrement appréciée dans le nord de la France et en Belgique, où elle est parfois appelée cassonade, à tort, car la cassonade est issue de la canne à sucre.

REMERCIEMENTS

Je remercie Maïa, Armand, Louise, Antoine, Charles, Joséphine et Grégoire, mes premiers fans. Je les remercie pour leurs regards et leurs sourires à chaque anniversaire et pour tous ceux à venir. Je vous aime. Je remercie aussi tous les amis qui me font confiance et me demandent de m'occuper de leur gâteau d'anniversaire ou pour l'un des leurs.
Merci à Luminarc qui me fournit gracieusement en vaisselle (www.luminarc.fr).
Sylvie Aït-Ali

PRÉSENTATION DE L'AUTEUR

Sylvie Aït-Ali est infirmière à Lille. Passionnée de cuisine et de photographie, elle s'est lancée dans l'aventure des blogs culinaires avec la création d'Amuses bouche (http://amusesbouche.canalblog.com). Elle partage ainsi sa passion en invitant les internautes à essayer ses recettes. Sur son blog ou par courrier électronique, elle répond aux questions et donne des conseils culinaires avisés.